LINUX

bash

LIGNE DE COMMANDE

Un guide complet pour maîtriser la
ligne de Commande de Linux

TERMES ET DÉFINITIONS

Terminal

Il s'agit d'un programme qui fournit une interface textuelle permettant aux utilisateurs d'interagir avec le système d'exploitation. Il permet aux utilisateurs d'entrer des commandes et de recevoir des sorties textuelles.

Shell

Est un interpréteur de ligne de commande qui interprète les commandes saisies par l'utilisateur et les exécute. Les shells les plus courants sont Bash (Bourne Again SHell), Zsh (Z Shell) et Fish.

Commande

Est une directive donnée par l'utilisateur pour effectuer une action spécifique. Les commandes peuvent aller d'opérations simples, comme l'énumération de fichiers, à des tâches complexes, comme l'installation d'un logiciel.

Syntaxe

La syntaxe d'une commande fait référence à la disposition correcte des éléments et des options que la commande attend. Une syntaxe correcte est essentielle pour que les commandes soient exécutées correctement.

Directory (Répertoire)

Est un conteneur qui contient des fichiers et d'autres répertoires. Il est équivalent à un dossier dans les gestionnaires de fichiers graphiques.

Options

Sont des paramètres supplémentaires qui modifient le comportement d'une commande. Ils sont spécifiés à côté de la commande et sont précédés d'un trait d'union (-). les options peuvent être utilisées pour personnaliser le fonctionnement d'une commande ou pour activer/désactiver certaines fonctionnalités.

Permissions de fichiers

Linux utilise un système de permissions pour contrôler l'accès aux fichiers et aux répertoires. Les autorisations sont attribuées à trois catégories : propriétaire, groupe et autres. Les autorisations comprennent la lecture, l'écriture et l'exécution.

Utilisateur et groupe

Un utilisateur est une personne qui interagit avec le système, et un groupe est un ensemble d'utilisateurs.

Redirection

La redirection consiste à envoyer la sortie d'une commande vers un fichier ou une autre commande. Les opérateurs de redirection courants sont `>`, `<`, `>>` et `|` (pipe).

INTRODUCTION
DE LA LIGNE DE COMMANDE
SOUS LINUX

Concept de la ligne de commande

Dans le contexte de l'informatique et de la programmation,
le concept de "ligne" fait généralement référence à une
ligne de code. Une ligne de code est une instruction ou une
déclaration unique dans un langage de programmation.

La ligne de commande présente une interface textuelle
dans laquelle les utilisateurs saisissent des commandes à
l'aide du clavier. Chaque commande est exécutée en
appuyant sur la touche "Entrée" et la sortie est affichée
sous forme de texte à l'écran,

La ligne de commande offre un haut degré de flexibilité et de puissance, permettant aux utilisateurs d'effectuer un large éventail de tâches, depuis les simples opérations sur les fichiers jusqu'aux configurations complexes du système. De nombreux administrateurs système et utilisateurs chevronnés préfèrent la ligne de commande pour son efficacité et ses capacités d'automatisation.

Les utilisateurs interagissent avec le système en entrant des commandes. Les commandes permettent d'effectuer diverses tâches, telles que la gestion de fichiers et de répertoires, l'installation de logiciels, la configuration des paramètres du système, etc. Linux est livré avec une pléthore d'utilitaires de ligne de commande qui peuvent être combinés pour accomplir des tâches complexes, et la ligne de commande est propice à l'écriture de scripts, où des séquences de commandes sont combinées dans des scripts ou des scripts de l'interpréteur de commandes. Ces scripts automatisent les tâches répétitives et améliorent la productivité. La création de scripts dans la ligne de commande est un moyen puissant de personnaliser et d'automatiser les tâches du système.

Pourquoi la ligne de commande est-elle importante ?

Lisibilité et maintenabilité :

La décomposition d'un programme en lignes de code améliore la lisibilité et la maintenabilité. Un code bien organisé avec des lignes claires et concises est plus facile à comprendre et à modifier pour les développeurs. Cet aspect est crucial pour le développement collaboratif et pour la révision du code à l'avenir.

Lisibilité et maintenabilité :

La décomposition d'un programme en lignes de code améliore la lisibilité et la maintenabilité. Un code bien organisé avec des lignes claires et concises est plus facile à comprendre et à modifier pour les développeurs. Cet aspect est crucial pour le développement collaboratif et pour la révision du code à l'avenir.

Débogage :

Lorsqu'un programme rencontre une erreur ou produit des résultats inattendus, les développeurs doivent déboguer le code pour identifier et résoudre le problème. Le débogage consiste souvent à examiner le code ligne par ligne pour localiser la source du problème. Chaque ligne de code constitue un point d'investigation potentiel.

Ordre d'exécution

Les programmes sont exécutés de manière séquentielle, en suivant l'ordre des lignes de code. Il est essentiel de comprendre le flux d'exécution pour concevoir des algorithmes et mettre en œuvre la logique. Les développeurs utilisent des structures de contrôle (telles que les boucles et les conditionnelles) pour modifier le flux séquentiel par défaut lorsque cela est nécessaire.

Organisation logique :

Les programmes sont organisés logiquement en fonctions, classes et modules, chacun étant constitué de lignes de code. Cette structure modulaire permet de diviser les problèmes complexes en parties gérables. Chaque ligne d'un module contribue à la fonctionnalité globale de ce module.

Documentation :

Les lignes de code sont souvent accompagnées de commentaires qui fournissent des explications ou de la documentation. Les commentaires aident les autres développeurs (ou même le développeur initial après un certain temps) à comprendre l'objectif et la fonctionnalité de chaque ligne. Une documentation appropriée est essentielle pour maintenir la qualité du code.

LES COMMANDES DE BASE

Les bases

Les commandes de base de la ligne de commande
Linux sont essentielles pour effectuer diverses
tâches telles que la navigation dans le système de
fichiers, la gestion des fichiers et des répertoires et
l'exécution de programmes.

mkdir

Définition :

La commande mkdir signifie "make directory" et permet de créer un ou plusieurs répertoires dans un système de fichiers.

Syntaxe :

```bash
mkdir [OPTION] DIRECTORY
```

Options :

- -m ou --mode=MODE : définit les bits de permission de fichier (le umask) du répertoire nouvellement créé selon le mode spécifié.
- -p ou -parents : Crée des répertoires parents si nécessaire. Si les répertoires parents n'existent pas, `mkdir` les crée.
- --help : Affiche des informations d'aide pour la commande `mkdir`.
- --version : Affiche les informations sur la version de `mkdir`.

Utilisation de base

```bash
mkdir my_directory
```

Créer plusieurs répertoires

```bash
mkdir dir1 dir2 dir3
```

Créer des répertoires imbriqués

```bash
mkdir -p parent/child/grandchild
```

Définir les autorisations de fichier

```bash
mkdir -m 755 my_directory
```

Créer des répertoires avec un chemin d'accès relatif

```bash
mkdir ../new_directory
```

Créer des répertoires avec un chemin absolu

```bash
mkdir /path/to/new_directory
```

pwd

Définition :

pwd est l'abréviation de "Print Working Directory" (imprimer le répertoire de travail). Il s'agit d'une commande des systèmes d'exploitation de type Unix, y compris Linux, qui imprime le répertoire de travail actuel (le chemin absolu de l'emplacement actuel de l'utilisateur dans le système de fichiers) sur le terminal.

Syntaxe :

```bash
pwd [OPTION]
```

Options :

- -L : Si le répertoire courant est un lien symbolique, la valeur du lien symbolique est affichée.
- -P : Affiche le chemin physique (réel) du répertoire, en évitant la résolution des liens symboliques.
- --help : affiche des informations d'aide sur la commande pwd.
- --version : affiche les informations relatives à la version.

Utilisation de base

```bash
pwd
```

Afficher le chemin d'accès physique

```bash
pwd -P
```

Afficher les informations d'aide

```bash
pwd --help
```

Afficher la version

```bash
pwd --version
```

ls

Définition :

La commande ls signifie "list" et permet d'afficher des informations sur les fichiers et les répertoires d'un répertoire donné.

Syntaxe :

```bash
ls
```

Options :

- -a ou -all : liste toutes les entrées, y compris les fichiers cachés (ceux dont le nom commence par un point).
- -l : utilise un format de liste long, fournissant des informations détaillées sur chaque fichier.
- -h : lorsqu'il est utilisé avec `-l`, affiche la taille des fichiers dans un format lisible par l'homme (par exemple, 1K, 234M, 2G).
- -r ou -reverse : Inverse l'ordre du tri pour afficher les fichiers dans l'ordre décroissant.
- -t : tri par date de modification, la plus récente en premier.
- -R ou --recursive : Liste les sous-répertoires de manière récursive.
- -i ou -inode : Affiche le numéro d'index de chaque fichier.

14

Répertorier les fichiers dans le répertoire courant

```bash
ls
```

Répertorier les fichiers dans un répertoire spécifique

```bash
ls /path/to/directory
```

Répertorier les fichiers contenant des informations détaillées

```bash
ls -l
```

Répertorier tous les fichiers, y compris ceux qui sont masqués

```bash
ls -a
```

Répertorier les fichiers dans l'ordre inverse

```bash
ls -r
```

Répertorier les fichiers de manière récursive

```bash
pwd -R
```

Définition :

La commande cd permet de changer le répertoire de travail courant dans une interface de ligne de commande (CLI).

Syntaxe :

```bash
cd [directory]
```

Options :

- \- : revient au répertoire précédent.
- ... : Remonte d'un niveau dans la structure des répertoires.
- ~ : Représente le répertoire personnel de l'utilisateur.
- / : Représente le répertoire racine.

Passer à un répertoire spécifique

```bash
cd Documents
```

Monter d'un niveau

```bash
cd ..
```

Déplacer vers le répertoire personnel

```bash
cd ~
```

Déplacer vers le répertoire racine

```bash
cd /
```

Retour au répertoire précédent

```bash
cd -
```

touch

Définition :

L'objectif principal est de mettre à jour les horodatages d'accès et de modification des fichiers ou de créer des fichiers vides s'ils n'existent pas.

Syntaxe :

```bash
touch [OPTION] FILE
```

Options :

- -a : ne modifie que l'heure d'accès.
- -c : ne pas créer les fichiers spécifiés s'ils n'existent pas.
- -d : utilise une date et une heure spécifiées à la place de l'heure actuelle.
- -m : ne modifie que l'heure de modification.
- -r : utiliser les temps d'accès et de modification d'un fichier de référence.
- --help : affiche des informations d'aide et quitte.
- --version : Affiche des informations sur la version et quitte.

Créer un nouveau fichier vide

```bash
touch filename.txt
```

Mettre à jour les horodatages d'accès d'un fichier existant

```bash
touch existing_file.txt
```

Mettre à jour l'heure de modification

```bash
touch -m filename.txt
```

Utiliser un fichier de référence pour définir les horodatages

```bash
touch -r reference_file.txt filename.txt
```

Spécifier une date et une heure pour les horodatages

```bash
touch -d "2022-01-13 12:34:56" filename.txt
```

Vérifier l'existence d'un fichier avant de mettre à jour son horodatage

```bash
touch -c non_existent_file.txt
```

cp

Définition :

La commande cp de la ligne de commande permet de copier des fichiers et des répertoires d'un emplacement à un autre

Syntaxe :

```bash
cp [options] source destination
```

Options :

- -r ou -R : copie les répertoires de manière récursive.
- -I : demande avant d'écraser des fichiers.
- -u : Copie uniquement lorsque le fichier source est plus récent que le fichier de destination ou lorsque le fichier de destination est manquant.
- -a : préserve les attributs et les horodatages du fichier d'origine.
- -l : crée des liens en dur au lieu de copier les fichiers.
- -s : Crée des liens symboliques au lieu de copier les fichiers.
- -b : Créer des copies de sauvegarde des fichiers existants.
- -P : Ne pas suivre les liens symboliques dans la source.

Copier un fichier vers un autre emplacement

```bash
cp file.txt /path/to/destination/
```

Copier un répertoire et son contenu de manière récursive

```bash
cp -i file.txt /path/to/destination/
```

Copier avec promp interactif

```bash
cp -i file.txt /path/to/destination/
```

Copier uniquement les fichiers les plus récents ou manquants

```bash
cp -u source_directory/* /path/to/destination/
```

Copier avec une sortie détaillée

```bash
cp -v file1.txt file2.txt /path/to/destination/
```

Copier en préservant les attributs du fichier d'origine

```bash
cp -a source_directory/ /path/to/destination/
```

```
mv
```

Définition :

La commande mv de la ligne de commande permet de déplacer ou de renommer des fichiers et des répertoires.

Syntaxe de la commande mv

```bash
mv [options] source destination
```

Options :

- -i ou -interactive : demande avant d'écraser les fichiers.
- -u ou -update : Déplace uniquement lorsque le fichier source est plus récent que le fichier de destination ou lorsque le fichier de destination est manquant.
- -b ou -backup : crée une sauvegarde de chaque fichier de destination existant.
- -S ou --suffix=SUFFIX : remplace le suffixe de sauvegarde habituel.
- -t ou --target-directory=DIRECTORY : déplace tous les arguments source dans DIRECTORY.

Déplacer un fichier vers un autre répertoire

```bash
mv file.txt /path/to/destination/
```

Renommer un fichier

```bash
mv oldfile.txt newfile.txt
```

Déplacer plusieurs fichiers vers un répertoire

```bash
mv file1.txt file2.txt /path/to/destination/
```

Mode interactif - invite avant l'écrasement

```bash
mv -i file.txt /path/to/destination/
```

Créer une sauvegarde du fichier de destination existant

```bash
mv -b file.txt /path/to/destination/
```

Déplacer des fichiers vers un répertoire cible

```bash
mv -t /path/to/destination/ file1.txt file2.txt
```

rm

Définition :

La commande rm signifie "remove" et est utilisée pour supprimer des fichiers et des répertoires.

Syntaxe :

```bash
rm [options] [file(s) or directory(s)]
```

Options :

- -r ou -R : Supprime récursivement les répertoires et leur contenu.
- -f : Force la suppression des fichiers sans demander de confirmation.
- -i : Demande une confirmation avant chaque suppression. Cette option est utile pour éviter les suppressions accidentelles.
- -preserve-root : ne pas supprimer le répertoire '/' (racine).
- -v : être verbeux, montrer ce qui est en train d'être fait.
- --help : affiche des informations d'aide.
- --version : Affiche les informations relatives à la version.

Supprimer un fichier

```bash
rm filename.txt
```

Supprimer plusieurs fichiers

```bash
rm file1.txt file2.txt file3.txt
```

Supprimer un répertoire et son contenu de manière récursive

```bash
rm -r directory_name
```

Suppression forcée d'un fichier sans confirmation

```bash
rm -f filename.txt
```

Demander avant de supprimer chaque fichier

```bash
rm -i file1.txt file2.txt
```

Supprimer un répertoire et son contenu de manière détaillée

```bash
rm -rv directory_name
```

Définition :

La commande cat signifie concaténer, et son but premier est d'afficher le contenu des fichiers sur le terminal.

Syntaxe :

```bash
cat [OPTION] [FILE]
```

Options :

- -A ou --show-all : équivalent à `-vET`.
- -b ou --number-nonblank : Nombre de lignes de sortie non vides.
- -e : Equivalent à `-vE`.
- -E ou --show-ends : affiche $ à la fin de chaque ligne.
- -n ou -number : numérote toutes les lignes de sortie.
- -s ou --squeeze-blank : Supprime les lignes vides répétées.
- -T ou --show-tabs : affiche les caractères TAB sous forme de ^I.
- -v ou --show-nonprinting : affiche les caractères de contrôle à l'exception de LFD et TAB.

Afficher le contenu d'un seul fichier

```bash
cat filename.txt
```

Concaténer plusieurs fichiers et afficher leur contenu

```bash
cat file1.txt file2.txt
```

Numérotation des lignes dans la sortie

```bash
cat -n filename.txt
```

Afficher les caractères non imprimables

```bash
cat -v filename.txt
```

Afficher les caractères de fin de ligne

```bash
cat -E filename.txt
```

Concaténer des fichiers et créer un nouveau fichier

```bash
cat file1.txt file2.txt > combined.txt
```

Définition :

La commande echo est utilisée pour afficher du texte ou des messages sur le terminal. Elle est couramment utilisée dans les scripts de l'interpréteur de commandes ou directement sur la ligne de commande pour fournir des informations ou des résultats à l'utilisateur.

Syntaxe :

```bash
echo [OPTION] [STRING]
```

Options :

- -n : supprime le caractère de fin de ligne, ce qui permet à la sortie suivante d'être sur la même ligne.
- -e : active l'interprétation des caractères d'échappement de la barre oblique inverse, ce qui permet d'utiliser des caractères d'échappement.
- -E : Désactive l'interprétation des caractères d'échappement de la barre oblique inverse (opposé à -e).
- -c : désactive l'interprétation des caractères d'échappement de la barre oblique inverse (désactive également -e).
- -E et -n peuvent être utilisés ensemble pour imprimer une chaîne de caractères sans ajouter de nouvelle ligne à la fin.

28

Affichage d'un message texte simple

```bash
echo "Hello, World!"
```

Sortie

```bash
Hello, World!
```

Affichage du contenu d'une variable

```bash
name="John"
echo "My name is $name"
```

Sortie

```bash
My name is John
```

Utilisation de caractères d'échappement pour les caractères spéciaux

```bash
echo "This is a new line.\nThis is the second line."
```

Sortie

```bash
This is a new line.
This is the second line.
```

LES COMMANDES DE RECHERCHE ET DE VÉRIFICATION

Recherche : la recherche dans le contexte des commandes Linux implique souvent la recherche de modèles ou de textes spécifiques dans des fichiers ou des sorties. La commande de recherche est couramment utilisée pour rechercher du texte. Elle permet de spécifier un motif et d'afficher les lignes des fichiers qui correspondent à ce motif.

Vérification : contrôle de l'intégrité ou de l'authenticité des fichiers. Les fonctions de hachage telles que MD5 ou SHA-256 sont couramment utilisées à cette fin, et les utilisateurs peuvent comparer les valeurs pour vérifier que le fichier n'a pas été corrompu ou modifié.

grep

Définition :

La commande grep est l'acronyme de "Global Regular Expression Print" (impression globale d'expressions régulières). Elle permet de rechercher un motif ou une expression régulière dans un fichier ou un flux de texte et d'imprimer les lignes qui correspondent.

Syntaxe :

```bash
grep [options] pattern [file(s)]
```

Options :

- -i: Ignore la distinction entre les majuscules et les minuscules dans le motif et les fichiers d'entrée.
- -r ou -recursive : lit tous les fichiers de chaque répertoire de manière récursive.
- -n ou --line-number : affiche les numéros de ligne en même temps que les lignes.
- -w : Sélectionne uniquement les lignes contenant des correspondances qui forment des mots entiers.
- -A NUM ou --after-context=NUM : Affiche NUM lignes de contexte après les lignes correspondantes.
- -B NUM ou --before-context=NUM : imprime NUM lignes de contexte avant les lignes correspondantes.

31

Rechercher un motif dans un fichier

```bash
grep "pattern" filename
```

Recherche d'une correspondance de modèle insensible à la casse

```bash
grep -i "pattern" filename
```

Afficher les numéros de ligne avec les lignes correspondantes

```bash
grep -n "pattern" filename
```

Inverser la correspondance pour afficher les lignes qui ne correspondent pas

```bash
grep -v "pattern" filename
```

Rechercher des mots entiers correspondant au modèle

```bash
grep -w "pattern" filename
```

Afficher les lignes avec le contexte avant et après le match

```bash
grep -C 2 "pattern" filename
```

find

Définition :

La commande find de Linux est un utilitaire puissant qui permet de rechercher des fichiers et des répertoires dans une hiérarchie de répertoires.

Syntaxe :

```bash
find [path...] [expression]
```

Options :

- -name pattern : recherche de fichiers avec un nom spécifique.
- -iname pattern : version insensible à la casse de `-name`.
- -type type : Recherche les fichiers d'un type spécifique (`f` pour les fichiers ordinaires, `d` pour les répertoires, `l` pour les liens symboliques, etc.)
- -size n[ckMGTP] : recherche les fichiers en fonction de leur taille (par exemple, `-size +10M`).
- -mtime n : recherche les fichiers modifiés au cours des n derniers jours.

Rechercher des fichiers par nom

```bash
find /path/to/search -name filename.txt
```

Rechercher des fichiers d'un type spécifique

```bash
find /path/to/search -type f
```

Rechercher les fichiers modifiés au cours des 7 derniers jours

```bash
find /path/to/search -mtime -7
```

Rechercher des fichiers de plus de 100 Mo

```bash
find /path/to/search -size +100M
```

Exécuter une commande sur les fichiers trouvés

```bash
find /path/to/search -name "*.log" -exec rm {} \;
```

Demander avant d'exécuter une commande

```bash
find /path/to/search -name "*.tmp" -ok rm {} \;
```

Définition :

La commande locate de Linux est utilisée pour trouver l'emplacement des fichiers et des répertoires sur le système. Elle s'appuie sur un index préconstruit du système de fichiers pour accélérer les recherches

Syntaxe :

```bash
locate [OPTIONS] PATTERN
```

Options :

- -b : correspond uniquement au nom de base des noms de chemin.
- -c : au lieu d'afficher les noms de fichiers, affiche le nombre d'entrées correspondantes.
- -d : utilise le fichier de base de données spécifié (par défaut, /var/lib/mlocate/mlocate.db).
- -e ou --existing : N'affiche que les entrées faisant référence à des fichiers existant au moment de l'exécution de locate.
- -i : ignore la distinction entre les majuscules et les minuscules dans le motif et les noms de fichiers.
- -l ou -n LIMIT : Limite le nombre de résultats.
- -r ou --regexp REGEXP : Interpréter PATTERN comme une expression régulière.

Rechercher des fichiers avec un nom spécifique

```bash
locate filename
```

Limiter le nombre de résultats

```bash
locate -n 5 filename
```

Rechercher des fichiers avec une extension spécifique

```bash
locate *.txt
```

Rechercher des fichiers sans tenir compte de la casse

```bash
locate -i FileName
```

Utiliser l'expression régulière pour la recherche

```bash
locate -r '^/etc.*\.conf$'
```

Compter le nombre d'entrées correspondantes

```bash
locate -c filename
```

md5sum

Définition :

La commande md5sum de Linux permet de calculer et d'afficher la valeur de hachage MD5 d'un fichier

Syntaxe :

```bash
md5sum [OPTION] [FILE]
```

Options :

- -b ou -binary : Traite les fichiers d'entrée comme des fichiers binaires.
- -c ou -check : Lit les sommes MD5 des FICHIERS et les vérifie.
- -t ou -text : Traite les fichiers d'entrée comme du texte.
- -w ou -warn : avertit en cas de formatage incorrect des lignes de somme de contrôle MD5.
- --status : n'affiche rien, le code d'état indique le succès.
- --quiet : Ne produit rien.
- --strict : sort non nul en cas de formatage incorrect des lignes de somme de contrôle.
- --tag : Crée une somme de contrôle de type BSD.

Calculer le hachage MD5 d'un seul fichier

```bash
md5sum filename
```

Calculer le hachage MD5 de plusieurs fichiers

```bash
md5sum file1 file2 file3
```

Calculer le hachage MD5 de tous les fichiers d'un répertoire

```bash
md5sum *
```

Générez des sommes de contrôle MD5 et enregistrez-les dans un fichier

```bash
md5sum file1 file2 > checksums.md5
```

Vérifier l'intégrité des fichiers

```bash
md5sum -c checksums.md5
```

Générer un fichier de somme de contrôle de type BSD

```bash
md5sum --tag file1 file2 > checksums.md5
```

diff

Définition :

La commande diff de Linux permet de comparer deux
fichiers ligne par ligne et d'afficher les différences entre
eux

Syntaxe :

```bash
diff [options] file1 file2
```

Options :

- -q ou -brief : Indique uniquement si les fichiers
  diffèrent, sans afficher les différences réelles.
- -r ou -recursive : compare de manière récursive les
  sous-répertoires.
- -u ou --unified : produit un format unifié (contexte).
- -c ou -context : affiche un format contextuel.
- -i ou --ignore-case : Ignore les différences de casse
  dans le contenu des fichiers.
- -w ou --ignore-all-space : Ignore tous les espaces
  blancs lors de la comparaison des lignes.
- -B ou --ignore-blank-lines : Ignore les changements
  qui insèrent ou suppriment des lignes vides.

Utilisation de base

```bash
diff file1.txt file2.txt
```

Sortie brève

```bash
diff -q file1.txt file2.txt
```

Format unifié

```bash
diff -u file1.txt file2.txt
```

Comparaison récursive

```bash
diff -r dir1 dir2
```

Ignorer la casse

```bash
diff -i file1.txt file2.txt
```

Ignorer tout l'espace

```bash
diff -w file1.txt file2.txt
```

cmp

Définition :

La commande cmp de Linux est utilisée pour comparer deux fichiers, octet par octet.

Syntaxe :

```bash
cmp [OPTION] FILE1 [FILE2 [SKIP1 [SKIP2]]]
```

Options :

- -b ou --print-bytes : Affiche les différents octets.
- -i ou --ignore-initial=SKIP1 : ignore les premiers octets SKIP1 de chaque fichier.
- -l ou -verbose : affiche les numéros d'octets et les valeurs de tous les octets différents.
- -n ou --bytes=N : compare au maximum N octets.
- --help : affiche l'aide et quitte.
- --version : Affiche les informations sur la version et quitte.

Comparer deux fichiers et afficher les différents octets

```bash
cmp -b file1.txt file2.txt
```

Comparer deux fichiers et afficher les nombres d'octets

```bash
cmp -l file1.txt file2.txt
```

Comparer deux fichiers, en ignorant les 10 premiers octets

```bash
cmp -i 10 file1.txt file2.txt
```

Ne comparez que les 100 premiers octets de deux fichiers

```bash
cmp -n 100 file1.txt file2.txt
```

Afficher les informations de version

```bash
cmp --version
```

Définition :

rsync est un utilitaire en ligne de commande qui synchronise les fichiers et les répertoires entre deux emplacements, soit localement, soit sur un réseau. Il minimise le transfert de données en ne copiant que les différences entre la source et la destination.

Syntaxe :

```bash
rsync [OPTION ] SRC [SRC]  DEST
```

Options :

- -a ou -archive : mode archive ; préserve les autorisations, la propriété et les horodatages.
- -v ou -verbose : augmente la verbosité, fournissant une sortie plus détaillée.
- -r ou --recursive : copie récursivement les répertoires.
- -u : ignore les fichiers les plus récents sur le récepteur.
- -z : compresse les données des fichiers pendant le transfert.
- --delete : Supprime les fichiers inutiles de la destination.
- --exclude=PATTERN : Exclut les fichiers correspondant au motif spécifié.
- -n ou --dry-run : Effectue un essai sans apporter de modifications.

Copie locale de base

```bash
rsync -av /path/to/source /path/to/destination
```

Exclure des fichiers ou des répertoires

```bash
rsync -av --exclude=*.log /path/to/source /path/to/destination
```

Supprimer les fichiers dont la destination n'est pas dans la source

```bash
rsync -av --delete /path/to/source /path/to/destination
```

Essai à sec

```bash
rsync -av --dry-run /path/to/source /path/to/destination
```

Afficher la progression

```bash
rsync -av --progress /path/to/source /path/to/destination
```

LES COMMANDES DE PERMISSIONS ET DE PROPRIÉTÉ

Permissions et propriété

Les concepts de permissions et de propriété sont fondamentaux pour contrôler l'accès aux fichiers et aux répertoires. Les commandes liées aux autorisations et à la propriété dans la ligne de commande sont souvent utilisées pour gérer qui peut lire, écrire ou exécuter un fichier, ainsi que pour déterminer quel utilisateur ou groupe possède un fichier ou un répertoire particulier.

chmod

Définition :

chmod est une commande utilisée pour modifier les autorisations d'un fichier ou d'un répertoire. Le nom "chmod" signifie "change mode" (mode de modification). Cette commande vous permet de contrôler qui peut lire, écrire ou exécuter un fichier ou un répertoire.

Syntaxe :

```bash
chmod [options] mode file
```

Options :

- -c : affiche un message uniquement si des modifications sont effectuées.
- -f : Supprime les messages d'erreur.
- -v : affiche un message pour chaque fichier traité.

Accorder des autorisations de lecture et d'écriture au propriétaire du fichier

```bash
chmod u+rw file.txt
```

Supprimer l'autorisation d'exécution du groupe

```bash
chmod g-x file.txt
```

Définir des autorisations de lecture et d'exécution pour tout le monde

```bash
chmod a+rx file.txt
```

Accordez des autorisations de lecture, d'écriture et d'exécution au propriétaire, ainsi que des autorisations de lecture et d'exécution au groupe et à d'autres personnes :

```bash
chmod 755 file.txt
```

Accordez des autorisations complètes au propriétaire et des autorisations en lecture seule à d'autres personnes

```bash
chmod 600 file.txt
```

47

chown

Définition :

chown est une commande utilisée pour modifier la propriété des fichiers et des répertoires. La propriété détermine l'utilisateur et le groupe associés à un fichier ou à un répertoire, et `chown` vous permet de modifier ces associations.

Syntaxe :

```bash
chown [OPTIONS] OWNER[:GROUP] FILE
```

Options :

- -c : Mode verbeux. Ne fournit des informations que pour les fichiers qui ont été modifiés.
- -R ou -recursive : change de façon récursive la propriété des répertoires et de leur contenu.
- --from=oldowner:oldgroup : ne change la propriété que si le propriétaire actuel du fichier et/ou le groupe correspondent aux valeurs spécifiées.

Modifier le propriétaire d'un fichier

```bash
chown newowner filename.txt
```

Modifier le propriétaire et le groupe d'un annuaire

```bash
chown newowner:newgroup /path/to/directory
```

Modifier le propriétaire de plusieurs fichiers

```bash
chown user1 file1.txt file2.txt file3.txt
```

Modifiez le propriétaire et le groupe de manière récursive pour tous les fichiers et sous-répertoires d'un répertoire :

```bash
chown -R newowner:newgroup /path/to/directory
```

Modifier uniquement le groupe d'un fichier

```bash
chown :newgroup filename.txt
```

chgrp

Définition :

chgrp est une commande utilisée pour modifier le groupe propriétaire d'un fichier ou d'un répertoire. Le nom "chgrp" signifie "changer de groupe".

Syntaxe :

```bash
chgrp [OPTIONS] GROUP FILE
```

Options :

- -R ou -Recursive : modifie de manière récursive le groupe propriétaire des répertoires et de leur contenu.
- --reference=RFILE : définit le groupe comme étant celui du fichier de référence RFILE.
- --help : affiche un message d'aide et quitte.
- --version : Affiche les informations sur la version et quitte.

Pour modifier le groupe d'un seul fichier

```bash
chgrp group_name file.txt
```

Pour modifier le groupe de plusieurs fichiers

```bash
chgrp group_name file1.txt file2.txt file3.txt
```

Pour modifier le groupe d'un répertoire et son contenu de manière récursive

```bash
chgrp -R group_name directory/
```

Pour modifier le groupe en fonction de la référence d'un autre fichier

```bash
chgrp --reference=reference_file.txt new_file.txt
```

Définition :

La commande su de Linux signifie "switch user" ou "substitute user". Elle permet de passer à un autre compte utilisateur, avec ou sans mot de passe. Voici la syntaxe de base et quelques exemples :

Syntaxe :

```bash
su [OPTION] [USERNAME]
```

Options :

- -c ou --command : Si elle est utilisée seule, elle permet de passer à l'utilisateur root.
- -c ou --command COMMAND : Spécifie une commande qui sera exécutée en tant que nouvel utilisateur.
- -s ou --shell SHELL : spécifie l'interpréteur de commandes à utiliser.

Basculer vers l'utilisateur root

```bash
su
```

Passer à un utilisateur spécifique

```bash
su username
```

Exécuter une commande en tant qu'utilisateur

```bash
su -c "command-to-be-executed" username
```

Ouvrir un shell avec un environnement shell spécifique

```bash
su -s /bin/bash username
```

Exécuter une commande en tant qu'utilisateur root

```bash
su -c "command-to-be-executed"
```

sudo

Définition :

sudo signifie "superuser do" et permet aux utilisateurs autorisés d'exécuter une commande en tant que superutilisateur ou autre utilisateur, comme spécifié dans la politique de sécurité configurée dans le fichier `/etc/sudoers`.

Syntaxe :

```bash
sudo [OPTION] COMMAND [ARGUMENTS...]
```

Options :

- -u : la commande en tant qu'utilisateur spécifié.
- -l ou -list : Liste des commandes autorisées (et interdites) pour l'utilisateur qui invoque la commande.
- -I ou --login : l'interpréteur de commandes spécifié par l'entrée de la base de données des mots de passe de l'utilisateur cible comme interpréteur de commandes de connexion.
- -E : préserver l'environnement de l'utilisateur lors de l'exécution de la commande.
- -n : éviter de demander à l'utilisateur de saisir des données.

Exécuter une commande en tant que superutilisateur

```bash
sudo ls /root
```

Modification d'un fichier système à l'aide d'un éditeur de texte

```bash
sudo nano /etc/apt/sources.list
```

Installer un package à l'aide d'un gestionnaire de packages

```bash
sudo apt-get install <package_name>
```

Redémarrez le système

```bash
sudo reboot
```

id

Définition :

La commande id sous Linux permet d'afficher les informations relatives à l'utilisateur et au groupe pour le nom d'utilisateur ou l'ID d'utilisateur spécifié.

Syntaxe :

```bash
id [OPTION] [USERNAME]
```

Options :

- -u : affiche uniquement l'identifiant de l'utilisateur.
- -g : affiche uniquement l'identifiant du groupe.
- -n : affiche le nom au lieu de l'ID numérique.
- -G : affiche tous les ID de groupe.

Afficher les informations de l'utilisateur actuel

```bash
id
```

Afficher des informations pour un utilisateur spécifique

```bash
id username
```

Afficher les informations dans un format spécifique (par exemple, nom d'utilisateur et nom de groupe uniquement)

```bash
id -n username
```

Reportez-vous à la page de manuel

```bash
man id
```

LES COMMANDES DE VÉRIFIER L'UTILISATION DU DISQUE DUR

Vérifier l'utilisation du disque dur

La vérification de l'utilisation du disque dur à partir de la ligne de commande implique l'utilisation de plusieurs commandes et utilitaires. De nombreuses commandes peuvent être utilisées à cette fin et afficher des informations sur l'utilisation de l'espace disque sur les systèmes de fichiers montés.

df

Définition :

La commande df de Linux permet d'afficher des informations sur l'utilisation de l'espace disque d'un système de fichiers. Elle indique l'espace total, utilisé et disponible sur les systèmes de fichiers montés.

Syntaxe :

```bash
df [options] [file | directory]
```

Options :

- -h ou --human-readable : affiche les tailles au format lisible par l'homme (par exemple, 1K, 2M, 3G).
- -T ou --print-type : Affiche le type de système de fichiers.
- -t ou -type : Limite l'affichage aux systèmes de fichiers du type spécifié.
- -a ou -all : inclut les pseudo-systèmes de fichiers, les systèmes de fichiers dupliqués et inaccessibles.
- -x ou --exclude-type : Exclut les types de systèmes de fichiers.

Affichage de l'utilisation de l'espace disque pour tous les systèmes de fichiers montés

```bash
df -h
```

Afficher l'utilisation de l'espace disque pour un fichier ou un répertoire spécifique

```bash
df -h /path/to/directory
```

Afficher des informations détaillées, y compris le type de système de fichiers

```bash
df -Th
```

Affichage de l'utilisation de l'espace disque pour un type de système de fichiers spécifique

```bash
df -h -t ext4
```

Exclure des types de systèmes de fichiers spécifiques de la sortie

```bash
df -h -x tmpfs
```

Définition :

du signifie utilisation du disque sous Linux et est un utilitaire de ligne de commande utilisé pour estimer l'utilisation de l'espace disque. Il résume récursivement l'utilisation du disque pour chaque fichier et/ou répertoire dans le répertoire spécifié.

Syntaxe :

```bash
du [options] [directories/files]
```

Options :

- -h ou --human-readable : imprime les tailles au format lisible par l'homme (par exemple, 1K, 234M, 2G).
- -s ou -summarize : affiche uniquement un total pour chaque fichier/répertoire spécifié.
- -c ou -total : produit un total général.
- -k ou -kilobytes : Affiche les tailles en kilo-octets.
- -m ou -megabytes : Affiche les tailles en mégaoctets.
- -g ou -gigabytes : Affiche les tailles en gigaoctets.

Afficher l'utilisation du disque du répertoire courant

```bash
du
```

Affichage de l'utilisation du disque dans un format lisible par l'homme pour un répertoire spécifique

```bash
du -h /path/to/directory
```

Afficher l'utilisation totale du disque d'un répertoire

```bash
du -sh /path/to/directory
```

Afficher l'utilisation du disque de chaque sous-répertoire d'un répertoire

```bash
du -h --max-depth=1 /path/to/directory
```

Affichage de l'utilisation totale du disque de plusieurs répertoires

```bash
du -h -c /path/to/dir1 /path/to/dir2
```

Afficher l'utilisation du disque d'un fichier spécifique

```bash
du -h /path/to/file.txt
```

lsblk

Définition :

lsblk est un utilitaire de ligne de commande sous Linux utilisé pour lister des informations sur les périphériques en mode bloc (tels que les disques durs et les partitions). Il fournit une sortie concise et lisible par l'homme qui comprend des informations sur le nom du périphérique, sa taille et ses points de montage.

Syntaxe :

```bash
lsblk [OPTIONS] [DEVICE]
```

Options :

- -a : affiche tous les périphériques, y compris ceux qui sont cachés.
- -b : Affiche les tailles en octets.
- -f : affiche les informations relatives au système.
- -h : affiche les tailles dans un format lisible par l'homme.
- -I : utilise les caractères ASCII pour l'affichage de l'arbre.
- -o : spécifie les colonnes à afficher.
- -t : affiche les périphériques sous forme d'arbre.
- -J : affiche les données au format JSON.
- -S : Utilise les noms génériques des périphériques SCSI.
- -k : Affiche les tailles en kilo-octets.
- -m : Affiche les permissions.
- -n : N'imprime pas les en-têtes.

Répertorier tous les périphériques en mode bloc

```bash
lsblk
```

Afficher des informations pour un appareil spécifique

```bash
lsblk /dev/sda
```

Afficher des informations détaillées, y compris les points de montage

```bash
lsblk -f
```

Affichage de l'arborescence des périphériques en mode bloc

```bash
lsblk -t
```

Afficher toutes les informations disponibles, y compris la taille dans un format lisible par l'homme

```bash
lsblk -a --size
```

Afficher les informations dans un format de sortie spécifique

```bash
lsblk --json
```

fdisk

Définition :

fdisk est une ligne de commande utilisée pour le partitionnement des disques. Elle permet aux utilisateurs de créer, de supprimer et de manipuler des partitions sur un disque dur.

Syntaxe :

```bash
fdisk [options] device
```

Options :

- n : créer une nouvelle partition.
- d : supprimer une partition.
- à : changer l'ID du système (type de partition).
- a : activer le drapeau amorçable.
- w : écrire les modifications sur le disque et quitter.
- q : quitter sans enregistrer les modifications.

Afficher les informations sur la partition

```bash
fdisk -l
```

Démarrer fdisk pour un périphérique spécifique

```bash
fdisk /dev/sda
```

Imprimer l'aide

```bash
fdisk --help
```

parted

Définition :

parted est une ligne de commande utilisée pour le partitionnement des disques. Elle permet aux utilisateurs de créer, supprimer, redimensionner, déplacer et gérer des partitions de disque sur un périphérique de stockage.

Syntaxe :

```bash
parted [options] [device [command [options]...]]
```

Options :

- -l ou -list : Affiche les informations sur les partitions.
- -a ou -align : définit l'alignement des partitions nouvellement créées.
- -s ou -script : Active le mode non interactif (utile pour les scripts).
- -v ou -version : Affiche les informations relatives à la version.

Répertorier les informations sur les partitions

```bash
parted /dev/sda print
```

Créer une nouvelle partition

```bash
parted /dev/sda mkpart primary 0% 10GB
```

Redimensionner une partition

```bash
parted /dev/sda resizepart 1 20GB
```

Déplacement d'une partition

```bash
parted /dev/sda move 2 30GB
```

Supprimer une partition

```bash
parted /dev/sda rm 3
```

Aide sur l'affichage

```bash
parted --help
```

smartctl

Définition :

smartctl est un utilitaire de ligne de commande utilisé pour surveiller et contrôler les données SMART (Self-Monitoring, Analysis and Reporting Technology) des disques durs et des disques durs à semi-conducteurs. Il vous permet de vérifier l'état de santé, la température et divers attributs de vos périphériques de stockage.

Syntaxe:

```bash
smartctl [options] device
```

Options :

- -a : Affiche toutes les informations SMART, y compris les attributs spécifiques au fournisseur.
- -H : Affiche l'état de santé SMART.
- -i : affiche les informations de base sur le périphérique.
- -l ou --log [select[,descr]] : Affiche le journal SMART.
- -t ou --test [select[,select]] : Exécute un test SMART.
- -s : Active ou désactive le test automatique hors ligne.
- -c ou --capabilities : Affiche les capacités de l'appareil.
- -h ou --help : Affiche l'aide et quitte.

Afficher des informations de base sur l'appareil

```bash
smartctl -i /dev/sda
```

Vérifier l'état général de l'appareil

```bash
smartctl -H /dev/sda
```

Afficher toutes les informations SMART pour l'appareil

```bash
smartctl -a /dev/sda
```

Exécuter un court auto-test sur l'appareil

```bash
smartctl -t short /dev/sda
```

Afficher le journal des erreurs SMART

```bash
smartctl -l error /dev/sda
```

Enregistrez les tests hors ligne automatiques à activer sur l'appareil

```bash
smartctl -s on /dev/sda
```

Définition :

La commande mount est utilisée pour attacher (monter) un système de fichiers ou un périphérique de stockage à un répertoire spécifié, rendant le contenu du système de fichiers accessible à ce point de l'arborescence des répertoires.

Syntaxe :

```bash
mount [options] device|mount_point
```

Options :

- -t ou --types : Spécifie le type de système de fichiers.
- -o ou --options : Spécifie les options de montage.
- -r ou --read-only : Monte le système de fichiers en lecture seule.
- -w ou --read-write : Monte le système de fichiers en lecture-écriture (par défaut).
- -n ou --no-mtab : Empêche l'écriture de l'entrée dans /etc/mtab.
- -a ou --all : Monte tous les systèmes de fichiers mentionnés dans `/etc/fstab`.
- -U ou --uuid : Monte la partition avec l'UUID spécifié.

Monter un périphérique dans un répertoire

```bash
mount /dev/sdb1 /mnt/mydrive
```

Montage avec un type de système de fichiers spécifique

```bash
mount -t ext4 /dev/sdb2 /mnt/mydrive
```

Montage avec options supplémentaires

```bash
mount -o uid=1000,gid=1000 /dev/sdc1 /mnt/mydrive
```

Monter toutes les entrées à partir de '/etc/fstab

```bash
mount -a
```

Montage à l'aide de l'UUID

```bash
mount -U 5e88f50e-2fa6-4ab4-b5b7-9f26704e /mnt/mydrive
```

Montage à l'aide de l'étiquette

```bash
mount -L mydisk /mnt/mydrive
```

umount

Définition :

La commande umount est utilisée pour démonter
(détacher) un système de fichiers actuellement monté.
Cette commande garantit que toutes les modifications
apportées aux fichiers du système de fichiers sont écrites
sur le périphérique de stockage avant qu'il ne soit
démonté.

Syntaxe :

```bash
umount [options] target
```

Options :

- -a : Démonte tous les systèmes de fichiers décrits
  dans `/etc/mtab`.
- -h ou -help : affiche un message d'aide et quitte.
- -l : Démontage paresseux. Détache le système de
  fichiers, mais ne libère pas les ressources jusqu'à ce
  que le système de fichiers ne soit plus utilisé.
- -n : Ne pas mettre à jour `/etc/mtab`. Ceci est utile
  pour démonter un système de fichiers qui n'est pas
  monté dans `/etc/fstab`.
- -r ou --read-only : Monter le système de fichiers en
  lecture seule.

Démonter un appareil spécifique

```bash
umount /dev/sdb1
```

Démonter un point de montage

```bash
umount /mnt/mydisk
```

Démontez tous les systèmes de fichiers décrits dans
'/etc/mtab

```bash
umount -a
```

Démontage paresseux

```bash
umount -l /mnt/mydisk
```

Démonter un système de fichiers en lecture seule

```bash
umount -r /mnt/mydisk
```

LES COMMANDES DE GESTION DES OPÉRATIONS

Gestion des opérations

Les commandes de gestion des opérations sous linux impliquent l'utilisation d'une interface textuelle pour interagir avec le système d'exploitation linux et le gérer. Elles offrent aux utilisateurs un moyen puissant et efficace d'effectuer diverses tâches, depuis la manipulation de fichiers et la configuration du système jusqu'à l'administration du système et l'installation de logiciels.

Définition :

La commande top affiche une vue dynamique et en temps
réel des processus du système. Elle affiche une liste des
processus ainsi que des informations détaillées sur
l'utilisation de l'unité centrale, l'utilisation de la mémoire,
la charge du système, etc.

Syntaxe :

```bash
top [options]
```

Options :

- -d ou --delay seconds : Spécifie le délai entre les mises
  à jour en secondes.
- -n ou --iterations count : Définit le nombre
  d'itérations avant que `top` ne se termine.
- -b ou --batch mode : Lance `top` en mode batch,
  adapté à la capture de la sortie dans les scripts.
- -c ou --command field : Affiche la colonne de
  commande comme champ de tri par défaut.
- -p : Surveille des processus spécifiques identifiés par
  leur identifiant.
- -U ou --user nom d'utilisateur : affiche uniquement
  les processus appartenant au nom d'utilisateur
  spécifié.

Commande de base 'top'

```bash
top
```

Afficher les processus appartenant à un utilisateur spécifique

```bash
top -U username
```

Trier les processus en fonction de l'utilisation du processeur (mode interactif)

```bash
top                    Press `Shift + P` to sort by CPU usage
```

Exécutez 'top' avec un délai de mise à jour spécifique et un nombre d'itérations

```bash
top -d 2 -n 5
```

Afficher les processus à l'aide d'un nom de commande spécifique

```bash
top -c Lolixop
```

Surveiller des IDs de processus spécifiques

```bash
top -p 1234,5678
```

htop

Définition :

htop affiche une liste des processus en cours d'exécution sur un système, ainsi que divers détails tels que l'utilisation de l'unité centrale, l'utilisation de la mémoire et d'autres statistiques système. Il permet aux utilisateurs de gérer et de surveiller les processus de manière interactive.

Syntaxe :

```bash
htop [options]
```

Options :

- -d ou --delay=DELAY : définit le délai entre les mises à jour en secondes.
- -C ou --no-color : Exécute htop sans couleur.
- -u ou --user=USERNAME : Affiche uniquement les processus d'un utilisateur spécifique.
- -p ou --pid=PID[,PID2,...] : affiche uniquement les PIDs sélectionnés.
- -s ou --sort-key=COLUMN : Définit la colonne de tri initiale (utiliser F2/F3 pour changer pendant l'exécution).
- -h ou -help : affiche les informations d'aide.

Utilisation de base

```bash
htop
```

Afficher les processus d'un utilisateur spécifique

```bash
htop -u username
```

Affichage de PID spécifiques

```bash
htop -p 1234,5678
```

Définir la colonne de tri initiale

```bash
htop -s PERCENT_CPU
```

Exécuter htop sans couleur

```bash
htop -C
```

Spécifier le délai entre les mises à jour

```bash
htop -d 5
```

free

Définition :

La commande free permet d'afficher des informations sur la mémoire totale, la mémoire utilisée et la mémoire libre du système, qu'il s'agisse de la mémoire physique ou de la mémoire d'échange.

Syntaxe :

```bash
free [options]
```

Options :

- -b ou -bytes : Affiche la mémoire en octets.
- -k ou -kilo : affiche la mémoire en kilo-octets (par défaut).
- -m ou -mega : affiche la mémoire en mégaoctets.
- -g ou -giga : affiche la mémoire en gigaoctets.
- -t ou -total : affiche la mémoire totale, swap compris.
- -h ou -human : affiche une sortie lisible par l'homme (par exemple, 1K, 234M, 2G).
- -s ou --seconds N : Mise à jour toutes les N secondes (3 par défaut).

Affichage de l'utilisation de la mémoire en kilo-octets

```bash
free
```

Affichage de l'utilisation de la mémoire en mégaoctets

```bash
free -m
```

Affichage de la mémoire totale, y compris l'échange, dans un format lisible par l'homme

```bash
free -ht
```

Mise à jour toutes les 5 secondes

```bash
free -s 5
```

ps

Définition :

La commande ps signifie "état du processus" et permet d'afficher des informations sur les processus actifs dans un système d'exploitation de type Unix.

Syntaxe :

```bash
ps [options]
```

Options :

- -e : affiche des informations sur tous les processus.
- -f : Affiche une liste complète.
- -u : affiche un format orienté utilisateur.
- -a : affiche des informations sur tous les processus d'un terminal.
- -x : Affichage des informations sur les processus sans contrôle des terminaux.
- -l : liste au format long.
- --forest : affiche les processus dans un format arborescent.

Afficher des informations sur tous les processus

```bash
ps -e
```

Affichage d'une liste complète de tous les processus

```bash
ps -f
```

Format d'affichage orienté utilisateur

```bash
ps -u
```

Affichage d'une arborescence de processus

```bash
ps --forest
```

Affichage d'informations sur tous les processus sans contrôler les terminaux

```bash
ps -x
```

Afficher une liste longue de tous les processus

```bash
ps -l
```

83

Définition :

La commande kill est utilisée pour envoyer des signaux aux processus, ce qui permet de gérer et de contrôler leur comportement. Le signal le plus couramment utilisé est SIGTERM (15), qui demande à un processus de se terminer de manière élégante.

Syntaxe :

```bash
kill [OPTIONS] PID
```

Options :

- -s signal : Spécifie le signal à envoyer. Si cette option n'est pas utilisée, `SIGTERM` est envoyé par défaut.
- -l ou --list [signal] : tous les signaux disponibles, ou si un signal est fourni, afficher son nom et son numéro.
- A ou -all : envoie le signal à tous les processus, à l'exception de l'expéditeur.
- -p ou --parents : Envoie également le signal aux processus parents.

Terminez un processus avec élégance

```bash
kill 1234
```

Forcer l'arrêt d'un processus

```bash
kill -9 5678
```

Répertorier les signaux disponibles

```bash
kill -l
```

Envoyer un signal spécifique à un processus

```bash
kill -s SIGHUP 9876
```

killall

Définition :

La commande killall permet d'envoyer un signal pour mettre fin à un processus par son nom. Elle est différente de la commande `kill`, qui nécessite le PID (Process ID) comme argument. La commande `killall` simplifie le processus en vous permettant de spécifier un nom de processus à la place.

Syntaxe :

```bash
killall [options] process_name
```

Options :

- -e : Affiche des informations détaillées sur les processus correspondants.
- -g : envoie le signal au groupe de processus.
- -i : demande interactive de confirmation avant de tuer chaque processus.
- -q : Mode silencieux. Aucune sortie n'est affichée.
- -u : ne tue que les processus appartenant à un utilisateur spécifique.
- --help : affiche un message d'aide.
- --version : Affiche les informations relatives à la version.

Tuer tous les processus nommés « Lolixop »

```bash
killall Lolixop
```

Tuer toutes les instances d'un processus de manière interactive :

```bash
killall -i process_name
```

Tuer tous les processus appartenant à un utilisateur spécifique

```bash
killall -u username process_name
```

Tuer tous les processus d'un groupe de processus spécifique

```bash
killall -g process_group_name
```

pkill

Définition :

pkill est un utilitaire de ligne de commande sous Linux utilisé pour signaler des processus en fonction de leur nom. Il envoie un signal aux processus qui correspondent aux critères spécifiés (nom du processus ou autres attributs), ce qui vous permet de les terminer ou d'affecter leur comportement.

Syntaxe :

```bash
pkill [options] pattern
```

Options :

- -o : signale le processus le plus ancien plutôt que le plus récent.
- -n : signale le processus le plus récent plutôt que le plus ancien.
- -P : Ne signale que les processus dont l'ID du processus parent est donné.
- -g : ne signale que les processus du groupe de processus.
- -s : Ne signale que les processus de la session.
- -t : Ne signale que les processus du terminal spécifié.
- -u : Ne signale que les processus avec l'ID utilisateur effectif.

88

Pour tuer un processus par son nom

```bash
pkill Lolixop
```

Pour forcer l'arrêt d'un processus par son nom

```bash
pkill -9 Lolixop
```

Pour signaler le processus le plus ancien avec un nom spécifique

```bash
pkill -o xrome
```

Pour signaler un processus par son ID de processus parent

```bash
pkill -P 1234
```

Pour signaler un processus par son ID utilisateur effectif

```bash
pkill -u username
```

pgtrp

Définition :

pgrep est un utilitaire de ligne de commande sous Linux qui est utilisé pour rechercher et lister les processus en fonction de leurs noms ou d'autres attributs.
pour rechercher et lister les processus en fonction de leur nom ou d'autres attributs. Il est généralement utilisé pour trouver les identifiants de processus (PID) des processus en cours d'exécution.

Syntaxe :

```bash
pgrep [options] pattern
```

Options :

- -c : affiche uniquement le nombre de processus correspondants.
- -l : affiche le nom du processus en plus de son PID.
- -o : ne sélectionne que le plus ancien (premier) processus correspondant.
- -n : ne sélectionne que le processus le plus récent (le dernier).
- -u : Ne recherche que les processus appartenant à un nom d'utilisateur spécifique.
- -x : recherche le nom complet du processus (correspondance exacte).

Utilisation de base

```bash
pgrep Lolixop
```

Compter le nombre de processus correspondants

```bash
pgrep -c xrome
```

Afficher les noms de processus avec les PID

```bash
pgrep -l ssh
```

Sélectionnez le processus de correspondance le plus ancien (le premier)

```bash
pgrep -o bash
```

Sélectionnez le processus de correspondance le plus récent (le plus récent)

```bash
pgrep -n python
```

Faire correspondre les processus appartenant à un utilisateur spécifique

```bash
pgrep -u steven
```

Définition :

La commande who affiche des informations sur les utilisateurs actuellement connectés, notamment leur nom de connexion, leur numéro de ligne de terminal, leur heure de connexion et leur adresse IP ou leur nom d'hôte d'origine.

Syntaxe :

```bash
who [OPTION]  [FILE]
```

Options :

- -b : affiche l'heure du dernier démarrage du système.
- -d ou --dead : indique les processus morts.
- -H ou --heading : affiche les titres des colonnes.
- --ips : Affiche les adresses IP au lieu des noms d'hôtes.
- -l : affiche uniquement le nom de login et le terminal de l'utilisateur.
- -p : Affiche les processus actifs créés par init.
- -q : Affiche uniquement les noms de connexion et le nombre d'utilisateurs connectés.
- -r ou -runlevel : Affiche le niveau d'exécution actuel.
- -s : Affiche uniquement le nom, la ligne de terminal et la colonne de temps.
- -T : ajoute '+' pour les messages en attente, '-' pour l'absence de messages.

Afficher une liste des utilisateurs connectés avec des détails supplémentaires

```bash
who
```

Afficher uniquement le nom d'utilisateur et le terminal

```bash
who -l
```

Afficher le nombre d'utilisateurs connectés

```bash
who -q
```

Afficher les adresses IP au lieu des noms d'hôte

```bash
who --ips
```

Afficher l'heure du dernier démarrage du système

```bash
who -b
```

Définition :

La commande useradd permet de créer un nouvel utilisateur ou de mettre à jour les informations relatives à un nouvel utilisateur par défaut.

Syntaxe :

```bash
useradd [options] username
```

Options :

- -c : fournit un commentaire ou une description pour l'utilisateur.
- -d : indique le répertoire d'origine de l'utilisateur.
- -g : spécifie le groupe principal de l'utilisateur.
- -G : Spécifie des groupes supplémentaires pour l'utilisateur.
- -m : Créer le répertoire personnel de l'utilisateur.
- -s : Spécifie le shell de connexion de l'utilisateur.
- -u : spécifie l'identifiant numérique de l'utilisateur.
- -e : Définir la date d'expiration du compte au format AAAA-MM-JJ.
- -p : Fournit un mot de passe crypté à l'utilisateur.

Créer un nouvel utilisateur avec les options par défaut

```bash
useradd john
```

Créer un nouvel utilisateur avec un répertoire personnel et un shell de connexion spécifiques

```bash
useradd -m -d /home/jane -s /bin/bash jane
```

Créer un nouvel utilisateur avec un UID et un GID spécifiques

```bash
useradd -u 1001 -g 1001 bob
```

Créer un nouvel utilisateur avec un commentaire et définir une date d'expiration

```bash
useradd -c "John goverm" -e 2025-01-01 john_goverm
```

Créez un nouvel utilisateur, spécifiez des groupes principaux et supplémentaires

```bash
useradd -g users -G wheel,staff jerry
```

Créer un nouvel utilisateur avec un mot de passe chiffré

```bash
useradd -m -p $(openssl passwd -1 mypassword) alice
```

95

passwd

Définition :

La commande passwd permet de modifier les mots de passe des utilisateurs sous Linux.

Syntaxe :

```bash
passwd [options] [username]
```

Options :

- -a : Cette option est utilisée avec `-S` pour afficher l'état des mots de passe pour tous les utilisateurs.
- -d : Supprime le mot de passe du compte utilisateur spécifié.
- -e : Expire le mot de passe du compte utilisateur spécifié.
- -l : Verrouiller le mot de passe du compte utilisateur spécifié.
- -u : Déverrouiller le mot de passe du compte utilisateur spécifié.
- -n : Définir le nombre minimum de jours entre deux changements de mot de passe.
- -x : Définir le nombre maximum de jours pendant lesquels un mot de passe reste valide.
- -w : Définir le nombre de jours avant l'expiration d'un mot de passe pour que l'utilisateur soit averti.
- -S : Affiche les informations sur l'état du compte.

Pour modifier le mot de passe de l'utilisateur actuel

```bash
passwd
```

Pour changer le mot de passe d'un utilisateur spécifique (en tant que root ou avec sudo)

```bash
sudo passwd username
```

Pour verrouiller un compte utilisateur (en tant que root ou avec sudo)

```bash
sudo passwd -l username
```

Pour déverrouiller un compte utilisateur (en tant que root ou avec sudo)

```bash
sudo passwd -u username
```

Pour afficher l'état du mot de passe pour tous les utilisateurs (en tant que root ou avec sudo)

```bash
sudo passwd -a -S
```

dmesg

Définition :

La commande dmesg de Linux est utilisée pour afficher les messages relatifs au noyau. Elle affiche les messages que le noyau génère au cours du processus de démarrage du système. Ces messages peuvent fournir des informations précieuses pour le dépannage des problèmes matériels et logiciels.

Syntaxe :

```bash
dmesg [options]
```

Options :

- -c : efface le tampon circulaire du noyau après l'affichage des messages.
- -H ou -human : format de sortie lisible par l'homme.
- -w : Affiche continuellement les nouveaux messages.
- -n <niveau> : définit le niveau d'affichage des messages
- -s <size> : définit la taille de la mémoire tampon pour l'affichage des messages.
- -l <facilities> : affiche les messages provenant des installations spécifiées.
- -S : Affiche les informations sur l'état du compte.
- -p : Fournit un mot de passe crypté pour l'utilisateur.

98

Afficher tous les messages du noyau

```bash
dmesg
```

Affichage d'une sortie lisible par l'homme

```bash
dmesg -H
```

Effacez le tampon de l'anneau du noyau

```bash
dmesg -c
```

Afficher uniquement les messages d'erreur

```bash
dmesg -n err
```

Suivre et afficher en continu les nouveaux messages

```bash
dmesg -w
```

Afficher les messages d'une fonction spécifique (par exemple, kern, auth)

```bash
dmesg -l kern,auth
```

tail

Définition :

tail est un utilitaire de ligne de commande sous Linux et les systèmes d'exploitation de type Unix qui affiche la dernière partie d'un fichier. Il est particulièrement utile pour afficher les dernières lignes des fichiers journaux ou d'autres fichiers volumineux.

Syntaxe :

```bash
dmesg [options]
```

Options :

- -n : affiche les N dernières lignes, au lieu des 10 dernières (par défaut).
- -c : affiche les N derniers octets.
- -f : Affiche les données ajoutées au fur et à mesure que le fichier s'agrandit. L'option `-f` vous permet de surveiller un fichier en temps réel. Si le fichier grandit, `tail` continuera à mettre à jour et à afficher de nouvelles lignes.
- --retry : Continue d'essayer d'ouvrir un fichier s'il est inaccessible.
- -q : N'affiche jamais les en-têtes indiquant les noms de fichiers.
- --help : Affiche les informations d'aide.
- --version : Affiche les informations sur la version.

Afficher les 10 dernières lignes d'un fichier

```bash
tail filename.txt
```

Afficher les 20 dernières lignes d'un fichier

```bash
tail -n 20 filename.txt
```

Afficher les 100 derniers octets d'un fichier

```bash
tail -c 100 filename.txt
```

Affichage des données ajoutées en temps réel

```bash
tail -f /var/log/syslog
```

Afficher les 20 dernières lignes de plusieurs fichiers

```bash
tail -n 20 file1.txt file2.txt
```

Affichez les 10 dernières lignes et mettez-les à jour en continu au fur et à mesure que de nouvelles lignes sont ajoutées

```bash
tail -f access.log
```

LES COMMANDES
DE GESTION DU RÉSEAU

Gestion du réseau

Les commandes de gestion de réseau Linux englobent une gamme variée d'outils conçus pour permettre aux administrateurs et aux utilisateurs de gérer efficacement divers aspects des tâches liées au réseau par l'intermédiaire de l'interface de ligne de commande. Ces commandes font partie intégrante de la pile réseau de Linux et fournissent un ensemble robuste de fonctionnalités pour la configuration, la surveillance et le dépannage de la connectivité réseau.

ifconfig

Définition :

ifconfig permet de configurer et d'afficher des informations sur les interfaces réseau d'un système Linux.

Syntaxe :

```bash
ifconfig [interface] [options]
```

Options :

- Interface : Spécifie l'interface réseau pour laquelle vous souhaitez configurer ou afficher des informations. Si elle n'est pas spécifiée, elle affichera des informations sur toutes les interfaces.
- --all : affiche toutes les interfaces, même celles qui sont hors service.
- up ou down : Active ou désactive une interface réseau.
- Address : Attribue une adresse IP à l'interface.
- netmask : Définit le masque de réseau pour l'interface.
- Broadcast : Définit l'adresse de diffusion pour l'interface.
- hw : Définit l'adresse matérielle (MAC) de l'interface.

- Traduit avec DeepL.com (version gratuite)

Affichage des informations pour toutes les interfaces réseau

```bash
ifconfig
```

Afficher des informations détaillées pour une interface spécifique

```bash
ifconfig eth0
```

Activer une interface

```bash
ifconfig eth0 up
```

Désactiver une interface

```bash
ifconfig eth0 down
```

Attribuer une adresse IP à une interface

```bash
ifconfig eth0 192.168.1.2
```

Attribuer une adresse IP avec un masque de réseau spécifique

```bash
ifconfig eth0 192.168.1.2 netmask 255.255.255.0
```

ip

Définition :

La commande ip est un outil puissant pour configurer et gérer les interfaces réseau, les tables de routage et les tunnels.

Syntaxe :

```bash
ip [ OPTIONS ] OBJECT { COMMAND | help }
```

Options :

- -s ou -stats ou -statistics : affiche des informations plus détaillées.
- -h ou -human : imprime les tailles dans un format lisible par l'homme.

Afficher des informations sur les interfaces réseau

```bash
ip link show
```

comment les adresses IP de toutes les interfaces

```bash
ip address show
```

Configurer une adresse IP sur une interface

```bash
ip address add 192.168.1.2/24 dev eth0
```

Définir l'état d'une interface

```bash
ip link set eth0 up
```

Afficher la table de routage

```bash
ip route show
```

Supprimer une adresse IP d'une interface

```bash
ip address delete 192.168.1.2/24 dev eth0
```

netstat

Définition :

netstat est un utilitaire réseau en ligne de commande disponible sur les systèmes Linux pour afficher des informations relatives au réseau telles que les ports ouverts, les tables de routage, les statistiques d'interface, les connexions masquées, etc.

Syntaxe :

```bash
netstat [OPTIONS]
```

Options :

- -a ou --all : affiche toutes les sockets
- -t ou --tcp : Affiche les connexions TCP.
- -u ou -udp : Affiche les connexions UDP.
- -n ou -numeric : affiche les adresses numériques
- -p : Affiche le PID et le nom du programme auquel appartient chaque socket.
- -l ou --listening : affiche uniquement les sockets en écoute.
- -r ou -route : affiche la table de routage du noyau.
- -e ou -extend : affiche des informations supplémentaires
- -c ou -continuous : affiche les informations en continu, avec une mise à jour toutes les secondes.

Affichage de toutes les prises TCP et UDP d'écoute et connectées

```bash
netstat -a
```

Afficher uniquement les sockets TCP d'écoute

```bash
netstat -lt
```

Affichage de la table de routage

```bash
netstat -r
```

Afficher les adresses numériques et les ports

```bash
netstat -n
```

Affichage des connexions TCP et UDP avec des informations sur le programme

```bash
netstat -atp
```

Affichage de la surveillance continue des connexions réseau

```bash
netstat -c
```

ping

Définition :

ping est un utilitaire de réseau utilisé pour tester l'accessibilité d'un hôte sur un réseau IP (Internet Protocol). Il mesure également le temps d'aller-retour des messages envoyés de l'hôte d'origine à l'ordinateur de destination. Le nom "ping" vient du sonar utilisé par les sous-marins pour détecter d'autres objets dans l'eau.

Syntaxe :

```bash
ping [options] host
```

Options :

- -c count : Indique le nombre de demandes d'écho ICMP à envoyer.
- -i interval : Définit l'intervalle de temps entre l'envoi de paquets consécutifs en secondes.
- -s packetsize : spécifie la taille du paquet à envoyer en octets.
- -t timeout : Définit le délai d'attente en secondes pour chaque réponse.
- -q : Sortie silencieuse. N'affiche qu'un résumé à la fin.

Ping de base

```bash
ping example.com
```

Spécifier le nombre de paquets

```bash
ping -c 5 example.com
```

Définir la taille des paquets

```bash
ping -s 100 example.com
```

Définir l'intervalle de temps

```bash
ping -i 2 example.com
```

Définir le délai d'expiration

```bash
ping -t 5 example.com
```

Sortie silencieuse

```bash
ping -q example.com
```

Définition :

Traceroute est un outil de diagnostic réseau utilisé pour suivre la route empruntée par les paquets sur un réseau. Sous Linux, la commande `traceroute` est couramment utilisée à cette fin

Syntaxe :

```bash
traceroute [options] host
```

Options :

- -I : utilise les demandes d'écho ICMP (ping) au lieu des datagrammes UDP.
- -T : Utiliser les paquets TCP SYN au lieu des datagrammes UDP.
- -U : Utiliser les datagrammes UDP pour le tracerouting.
- -n : Ne pas effectuer de recherche DNS pour chaque saut.
- -q : Définit le nombre de requêtes par saut.
- -m : Définit le nombre maximum de sauts.
- -w : Définir le temps (en secondes) d'attente d'une réponse.
- -p : Définit la base du port de destination pour UDP ou TCP

Traceroute de base

```bash
traceroute example.com
```

Traceroute avec ICMP

```bash
traceroute -I example.com
```

Traceroute avec TCP

```bash
traceroute -T example.com
```

Traceroute avec UDP

```bash
traceroute -U example.com
```

Traceroute avec un nombre maximal de sauts spécifique

```bash
traceroute -m 20 example.com
```

Traceroute avec sortie numérique (adresses IP au lieu de noms d'hôtes)

```bash
traceroute -n example.com
```

```
SS
```

Définition :

La commande ss permet d'afficher des informations sur les statistiques des sockets, notamment sur les connexions réseau, les tables de routage, les statistiques d'interface, les connexions masquées, etc.

Syntaxe :

```bash
ss [options] [ FILTER ]
```

Options :

- -t : Affiche les informations sur les sockets TCP.
- -u : Affiche les informations relatives aux sockets UDP.
- -a ou --all : affiche toutes les sockets qui écoutent et celles qui n'écoutent pas.
- -n ou -numeric : affiche les adresses numériques au lieu de les résoudre en noms d'hôtes.
- -p : Affiche les processus utilisant la socket.
- -l : affiche uniquement les sockets qui écoutent.
- -r ou --resolve : Résoudre les noms d'hôtes et les numéros de ports.
- -e : affiche des informations détaillées sur les sockets.
- -o ou --options : Affiche les options des sockets.

Afficher toutes les sockets TCP

```bash
ss -t
```

Afficher toutes les sockets UDP

```bash
ss -u
```

Afficher toutes les sockets

```bash
ss -l
```

Afficher des informations détaillées sur les sockets pour un port spécifique (par exemple, le port 80)

```bash
ss -t -p -n '( dport = :80 or sport = :80 )'
```

Afficher les informations sur le processus pour chaque socket

```bash
ss -p
```

L'ÉCRITURE DE SCRIPTS
À L'AIDE D'OUTILS
(BASH)

Le script Bash

Bash (Bourne Again SHell) est un shell populaire et un langage de script utilisé dans les systèmes d'exploitation de type Unix, y compris Linux. Il fournit une interface de ligne de commande pour interagir avec le système, et c'est aussi un puissant langage de script pour automatiser des tâches. Voici une brève introduction à l'écriture de scripts avec Bash

Commandes :

Bash vous permet d'exécuter des commandes directement. Par exemple, ls répertorie les fichiers, cd change de répertoire et echo imprime du texte.

Variables :

Les variables permettent de stocker et de manipuler des données. Exemple : nom="John", puis faire référence à la variable en utilisant $nom.

Commentaires :

Utilisez # pour les commentaires dans votre script.

Créez un nouveau fichier avec une extension .sh (par exemple, myscript.sh).

Commencez le script par #!/bin/bash (shebang) pour spécifier l'interpréteur.

Écrivez vos commandes ligne par ligne.

Exemple de script (myscript.sh) :

```bash
#!/bin/bash
echo "Hello, World!"
```

Rendez le script exécutable :

chmod +x myscript.sh.
Exécutez le script : ./myscript.sh.

Dans Linux, les variables et les entrées utilisateur sont des concepts essentiels qui jouent un rôle crucial dans les interactions entre les scripts et la ligne de commande.

Les variables sous Linux

Les variables sous Linux, tout comme dans les langages de programmation, sont utilisées pour stocker et manipuler des données. Il s'agit de noms symboliques représentant des valeurs ou des expressions. Dans le contexte de Linux, les variables sont souvent utilisées dans les scripts shell.

```bash
#!/bin/bash

# Declare a variable
my_variable="Hello, Linux!"

# Access the variable
echo $my_variable
```

Dans cet exemple, `my_variable` est une variable qui stocke la chaîne de caractères "Hello, Linux".

L'entrée utilisateur dans Linux

L'entrée utilisateur fait référence aux informations fournies par l'utilisateur pendant l'exécution d'un script ou d'un programme. Ces informations peuvent provenir du clavier, de fichiers ou d'autres sources. Sous Linux, vous pouvez lire les entrées utilisateur à l'aide de la commande `read` dans les scripts de l'interpréteur de commandes.

```bash
#!/bin/bash

# Prompt user for input
echo "Enter your name:"
read user_name

# Display the input
echo "Hello, $user_name! Welcome to Linux."
```

Dans ce script, la commande `read` est utilisée pour capturer l'entrée de l'utilisateur, et la valeur saisie est stockée dans la variable `user_name`. La valeur saisie est ensuite utilisée dans un message ultérieur.

Combinaison de variables et de données utilisateur

Vous pouvez combiner des variables et des données utilisateur pour créer des scripts dynamiques et interactifs.

```bash
#!/bin/bash

# Prompt user for input
echo "Enter your name:"
read user_name

# Use variables and user input in a message
greeting="Hello, $user_name! Welcome to Linux."

# Display the message
echo $greeting
```

Dans ce script, l'utilisateur est invité à saisir son nom, et le nom saisi est ensuite incorporé dans un message d'accueil à l'aide d'une variable.

Sous Linux, les instructions conditionnelles sont utilisées dans les scripts shell pour contrôler le flux d'exécution en fonction de certaines conditions. Les instructions conditionnelles les plus courantes sont implémentées à l'aide des mots-clés `if`, `elif` (else if), et `else`. Ces instructions vous permettent de créer des scripts plus dynamiques et plus réactifs.

Instruction `if` :

L'instruction `if` est utilisée pour tester une condition. Si la condition est vraie, les commandes contenues dans le bloc `if` sont exécutées.

```bash
if [ condition ]; then
    # commands to be executed if the condition is true
fi
```

Remplacez `[ condition ]` par la condition que vous souhaitez tester. Les conditions les plus courantes sont l'existence de fichiers, les comparaisons de chaînes de caractères, les comparaisons numériques, etc.

L'instruction `elif

L'instruction `elif` (abréviation de "else if") est utilisée
pour tester des conditions supplémentaires si la condition
`if` précédente est fausse.

```bash
if [ condition1 ]; then
    # commands to be executed if condition1 is true
elif [ condition2 ]; then
    # commands to be executed if condition2 is true
else
    # commands to be executed if no previous conditions are
    true
fi
```

Vous pouvez avoir plusieurs blocs `elif` pour tester
différentes conditions de manière séquentielle.

Déclaration `else

Remplacez `[ condition ]` par la condition que vous
voulez tester. Les conditions les plus courantes sont
l'existence de fichiers, les comparaisons de chaînes de
caractères, les comparaisons numériques, etc.

L'instruction `elif

L'instruction `elif` (abréviation de "else if") est utilisée pour tester des conditions supplémentaires si la condition `if` précédente est fausse.

```bash
if [ condition ]; then
    # commands to be executed if the condition is true
else
    # commands to be executed if the condition is false
fi
```

Un exemple simple de script qui vérifie si un nombre est positif, négatif ou nul :

```bash
bash

#!/bin/bash

echo "Enter a number: "
read num

if [ $num -gt 0 ]; then
    echo "The number is positive."
elif [ $num -lt 0 ]; then
    echo "The number is negative."
else
    echo "The number is zero."
fi
```

Ce script utilise les opérateurs `-gt` (supérieur à), `-lt` (inférieur à) et `-eq` (égal) pour comparer le nombre saisi à zéro et fournit un message approprié en fonction du résultat de la comparaison.

Loops

Loops sont des constructions utilisées pour exécuter de manière répétée un ensemble de commandes ou d'instructions tant qu'une certaine condition est remplie. Il existe plusieurs types de Loop sous Linux, les deux plus courantes étant la boucle for et la boucle while. Il existe également la loop until, qui continue d'exécuter des commandes jusqu'à ce qu'une condition spécifiée devienne vraie.

```bash
for variable in list
do
    # commands to be executed for each iteration
done
```

Pour Loop

Loop est utilisée pour parcourir une séquence et exécuter un ensemble de commandes pour chaque élément de la séquence.

```bash
for i in {1..5}
do
    echo "Iteration $i"
done
```

125

While Loop

While loop poursuit l'exécution d'un ensemble de commandes tant qu'une condition spécifiée est remplie.

```bash
while [ condition ]
do
 # commands to be executed as long as the condition is true
done
```

Exemples

```bash
count=1
while [ $count -le 5 ]
do
   echo "Count is $count"
   ((count++))
done
```

Cet exemple imprimera dans le terminal les messages "Le compte est 1" à "Le compte est 5".

Until Loop

The until loop est similaire à la boucle while, mais elle continue d'exécuter des commandes jusqu'à ce qu'une condition spécifiée devienne vraie.

```bash
until [ condition ]
Do
# commands to be executed until the condition becomes true
done
```

Exemples

```bash
count=1
until [ $count -gt 5 ]
do
    echo "Count is $count"
    ((count++))
done
```

Cet exemple imprimera "Count is 1" jusqu'à "Count is 5" dans le terminal, de manière similaire à la while loop example.

Fonctions du shell

Une fonction est un ensemble de commandes regroupées pour effectuer une tâche spécifique. Ces fonctions peuvent être définies dans des scripts shell ou directement dans la ligne de commande

```bash
my_function() {
    echo "Hello, this is my function!"
}

# Call the function
my_function
```

Dans cet exemple, ma_fonction est une simple fonction shell qui renvoie un message d'accueil. Vous définissez la fonction avec la syntaxe nom_de_la_fonction() { ... } et l'appelez en utilisant nom_de_la_fonction.

Fonctions de programmation

Si vous travaillez avec un langage de programmation sous Linux, les fonctions sont des blocs de code modulaires et réutilisables qui exécutent une tâche spécifique. Par exemple, en programmation C :

```bash
#include <stdio.h>

// Function declaration
void myFunction() {
    printf("Hello, this is my function!\n");
}

int main() {
    // Call the function
    myFunction();
    return 0;
```

Ici, myFunction est une fonction C, et elle est appelée à partir de la fonction principale. Dans les langages de programmation, les fonctions permettent d'organiser le code, de favoriser sa réutilisation et de faciliter sa compréhension et sa maintenance

Arguments de la ligne de commande

Les arguments de ligne de commande sous Linux font référence aux valeurs fournies à un programme ou à un script lorsqu'il est exécuté via la ligne de commande. Ces arguments sont des informations supplémentaires qui influencent le comportement du programme. Lorsque vous exécutez une commande dans le terminal, vous entrez généralement la commande suivie de zéro ou plusieurs arguments.

Voici la syntaxe générale d'une commande avec arguments :

```bash
command [options] [arguments]
```

- Commande : Le programme ou le script que vous exécutez.

- Options : Indicateurs ou commutateurs qui modifient le comportement de la commande.

- Arguments : Valeurs ou paramètres transmis à la commande.

Prenons l'exemple d'une commande simple :

```bash
ls -l /path/to/directory
```

- ls est la commande qui permet de dresser la liste du contenu des répertoires.

- -l est une option qui modifie la commande pour fournir une liste détaillée.

- /path/to/directory est un argument spécifiant le répertoire dont le contenu doit être listé.

- Voyons maintenant comment les arguments de la ligne de commande sont traités dans un script ou un programme. Dans un langage de programmation comme Bash, Python ou C, vous pouvez accéder aux arguments de la ligne de commande par le biais de variables ou de fonctions prédéfinies. Voici un exemple de base en Bash :

```bash
#!/bin/bash

echo "Total number of arguments: $#"
echo "Script name: $0"
echo "First argument: $1"
echo "Second argument: $2"
# and so on...
```

131

Dans ce script :

$# indique le nombre total d'arguments de la ligne de commande.

$0 est le nom du script lui-même.

$1, $2, etc., représentent le premier, le deuxième et les suivants arguments passés au script.

Lorsque vous exécutez ce script avec des arguments tels que ./myscript.sh arg1 arg2, il produira un résultat :

```bash
Total number of arguments: 2
Script name: ./myscript.sh
First argument: arg1
Second argument: arg2
```

LES TECHNIQUES AVANCÉES DE LIGNE DE COMMANDE

Techniques avancées

Une variété de techniques avancées de ligne de commande qui peuvent améliorer votre efficacité et votre flexibilité lorsque vous travaillez dans un environnement Linux. Au fur et à mesure que vous vous familiariserez avec ces techniques, vous trouverez des moyens créatifs de les combiner pour obtenir des résultats encore plus puissants.

Un pipeline de commandes est une séquence d'une ou plusieurs commandes reliées par le symbole du tuyau (`|`). La sortie de la première commande sert d'entrée à la commande suivante, et ainsi de suite. Cela permet de créer des combinaisons de commandes puissantes et flexibles pour réaliser des tâches complexes de manière efficace.

Syntaxe :

```bash
command1 | command2 | command3 | ... | commandN
```

Ici, la sortie de `commande1` est passée en entrée de `commande2`, la sortie de `commande2` est passée en entrée de `commande3`, et ainsi de suite.

Voici un exemple simple pour illustrer un pipeline de commandes. Supposons que vous vouliez trouver tous les fichiers du répertoire courant contenant le mot "exemple" et compter le nombre de lignes dans ces fichiers :

```bash
grep -r "example" . | wc -l
```

134

Dans cet exemple :

`grep -r "exemple" .` recherche récursivement (`-r`) le mot "exemple" dans tous les fichiers du répertoire courant (`.`) et affiche les lignes correspondantes.

`|` transmet la sortie de `grep` à la commande suivante.

- `wc -l` compte le nombre de lignes dans l'entrée qu'il reçoit. Dans ce cas, il compte le nombre de lignes produites par `grep`, ce qui vous donne le nombre total de lignes contenant le mot "exemple" dans les fichiers.

Substitution de commande

La substitution de commande est une fonctionnalité des systèmes Linux qui vous permet d'utiliser la sortie d'une commande comme argument ou entrée pour une autre commande. Pour ce faire, vous pouvez utiliser des antisèches (\``) ou le signe du dollar et des parenthèses (\``$()).

Voici la syntaxe générale pour la substitution de commande en utilisant les deux méthodes :

1.   Utiliser les backticks

```bash
variable=`command`
```

2. Utilisation de \$() :

```bash
variable=$(command)
```

Exemple

```bash
# Using backticks
current_date=`date`
echo "Current date is: $current_date"

# Using $()
current_date=$(date)
echo "Current date is: $current_date"
```

Dans ces exemples, la sortie de la commande `date` est capturée et stockée dans la variable `current_date` en utilisant la substitution de commande. La variable est ensuite utilisée dans la commande `echo` suivante pour afficher la date du jour.

Sous Linux, la redirection est un processus qui consiste à modifier la manière dont les flux d'entrée et de sortie sont gérés pour les commandes. Il existe plusieurs types de redirection, mais les deux plus courants sont la redirection d'entrée et la redirection de sortie.

Redirection d'entrée (`<`) :

- Définition : La redirection d'entrée est une fonctionnalité de Linux qui permet à une commande de lire son entrée à partir d'un fichier plutôt qu'à partir de l'entrée standard (clavier).

- Exemple : Supposons que vous ayez un fichier nommé `input.txt` contenant une liste de noms. Vous pouvez utiliser la redirection d'entrée pour transmettre le contenu de ce fichier à une commande. Par exemple, vous pouvez utiliser la redirection d'entrée pour passer le contenu de ce fichier en entrée d'une commande :

```bash
$ cat < input.txt
```

Dans cet exemple, la commande `cat` lit le contenu de `input.txt` comme entrée au lieu d'attendre l'entrée de l'utilisateur au clavier.

2. Redirection des sorties (`>` et `>>`) :

- Définition : La redirection de sortie est une fonctionnalité de Linux qui permet d'écrire la sortie d'une commande dans un fichier au lieu de la sortie standard (généralement le terminal).

- Exemple : En utilisant le symbole `>`, vous pouvez rediriger la sortie d'une commande vers un fichier. Par exemple :

```bash
$ ls -l > file_list.txt
```

Cette commande liste les fichiers du répertoire courant (`ls -l`) et écrit la sortie dans un fichier nommé `file_list.txt`. Si `file_list.txt` existe déjà, son contenu sera écrasé. Si vous souhaitez ajouter la sortie à la fin d'un fichier existant, vous pouvez utiliser `>>` :

```bash
$ echo "Additional text" >> file_list.txt
```

Ceci ajoute le texte "Additional text" à la fin du fichier `file_list.txt` existant.

L'exécution en arrière-plan sous Linux fait référence à la capacité d'un processus à s'exécuter indépendamment de la session de terminal active, ce qui permet à l'utilisateur de continuer à travailler dans le terminal ou l'interpréteur de commandes pendant que le processus s'exécute en arrière-plan. Pour ce faire, il suffit d'ajouter une esperluette (&) à la fin d'une commande, ce qui indique à l'interpréteur de commandes d'exécuter la commande en arrière-plan.

Exemple :

L'exécution en arrière-plan permet à un processus de s'exécuter indépendamment de la session active du terminal, libérant ainsi le terminal pour d'autres commandes pendant que le processus continue de s'exécuter.

Considérons la commande suivante :

```bash
$ long_running_process &
```

Dans cet exemple, `long_running_process` est un espace réservé pour une commande qui prend beaucoup de temps à s'exécuter.

En ajoutant l'esperluette (&) à la fin de la commande, le processus s'exécute en arrière-plan et l'invite du terminal devient disponible pour d'autres commandes sans attendre la fin de `long_running_process`. Ceci est particulièrement utile pour les tâches qui ne requièrent pas une attention immédiate, permettant à l'utilisateur d'être multitâche dans le terminal.

Job control

Job control sous Linux, fait référence à la capacité de gérer et de contrôler l'exécution des processus au sein d'une session de l'interpréteur de commandes. Il permet aux utilisateurs de démarrer, d'arrêter, de suspendre, de reprendre et de gérer plusieurs processus s'exécutant en arrière-plan ou au premier plan. Le contrôle des tâches est particulièrement utile lorsque l'on travaille avec des interfaces de ligne de commande sous Linux, où l'on peut vouloir exécuter plusieurs commandes simultanément ou gérer efficacement l'exécution des processus.

Voici quelques commandes clés et leurs explications relatives au contrôle des tâches :

bg (arrière-plan) : Cette commande est utilisée pour déplacer un processus suspendu ou arrêté en arrière-plan, ce qui lui permet de continuer à s'exécuter tout en continuant à utiliser l'interpréteur de commandes.

```bash
$ bg %1
```

Dans cet exemple, le travail portant l'ID de travail 1 est déplacé en arrière-plan.

fg (Foreground) : Cette commande fait passer un processus d'arrière-plan au premier plan, ce qui lui permet d'interagir avec l'utilisateur.

```bash
$ fg %2
```

Dans cet exemple, le travail portant l'ID 2 passe au premier plan.

jobs : Cette commande répertorie tous les travaux en cours ou suspendus en arrière-plan.

```bash
$ jobs
```

Elle affiche une liste des travaux avec leur état et leur numéro d'identification.

Ctrl + Z : Ce raccourci clavier suspend le processus d'avant-plan en cours d'exécution et le place en arrière-plan.

```bash
$ Ctrl + Z
```

Ctrl + C : Ce raccourci clavier envoie un signal d'interruption au processus d'avant-plan, mettant fin à son exécution.

```bash
$ Ctrl + C
```

nohup : Cette commande est utilisée pour exécuter une commande immunisée contre les interruptions, lui permettant de continuer à s'exécuter même si l'utilisateur se déconnecte.

```bash
$ nohup command &
```

Cet exemple exécute la commande en arrière-plan et s'assure qu'elle continue à s'exécuter même si le terminal est fermé.

Expressions régulières

Les expressions régulières (regex ou regexp) sous Linux sont des outils puissants utilisés pour la recherche de motifs et la manipulation de texte. Il s'agit d'une séquence de caractères définissant un motif de recherche. Les expressions régulières sont couramment utilisées dans les utilitaires de ligne de commande tels que `grep`, `sed` et `awk` pour rechercher, faire correspondre et manipuler des données textuelles.

143

Brève explication de certains éléments de regex courants
;

Métacaractères :

- . (point) : Correspond à n'importe quel caractère unique.

- * (astérisque) : Correspond à zéro ou plusieurs occurrences du caractère ou du groupe précédent.

- + (plus) : Recherche une ou plusieurs occurrences du caractère ou du groupe précédent.

- ? (point d'interrogation) : Correspond à une ou plusieurs occurrences du caractère ou du groupe précédent.

- ^ (caret) : Ancre la regex au début d'une ligne.
- $ (dollar) : Ancre la regex à la fin d'une ligne.

Classes de caractères :

- [ ] : Correspond à l'un des caractères figurant entre les crochets.

- [^] : recherche n'importe quel caractère ne se trouvant pas entre les crochets.

Exemple :
Supposons que vous ayez un fichier nommé `example.txt`
avec le contenu suivant :

```bash
apple
banana
cherry
date
grape
```

Utilisons maintenant une expression régulière pour
trouver toutes les lignes qui commencent par la lettre 'b' :

```bash
grep '^b' example.txt
```

Cette commande `grep` avec l'expression régulière `^b`
recherche les lignes du fichier `example.txt` qui
commencent par la lettre 'b'. La caret `^` est utilisée pour
ancrer la recherche au début de la ligne. La sortie sera :

```bash
banana
```

Les variables d'environnement sous Linux sont des valeurs dynamiques qui peuvent affecter le comportement des processus et des programmes s'exécutant sur un système Linux. Ces variables stockent des informations sur l'environnement du système et peuvent être consultées par diverses applications afin de personnaliser leur comportement.

Les variables d'environnement sont des valeurs nommées qui font partie de l'environnement dans lequel un processus s'exécute. Elles sont utilisées pour transmettre des informations de l'interpréteur de commandes aux programmes, et les programmes peuvent y accéder pour obtenir des paramètres de configuration ou d'autres détails importants.

Exemple :

Considérons la variable d'environnement `PATH`, qui est une liste de répertoires séparés par deux points dans lesquels le système recherche des fichiers exécutables. Cette variable joue un rôle crucial dans la recherche et l'exécution des commandes sous Linux.

Pour voir la valeur actuelle de la variable `PATH`, vous pouvez utiliser la commande `echo` dans le terminal :

```bash
echo $PATH
```

L'écran affichera quelque chose comme :

```bash
/usr/local/sbin:/usr/local/bin:/usr/sbin:/usr/bin:/sbin:/bin
```

Chaque répertoire de la variable `PATH` représente un emplacement où le système recherchera des fichiers exécutables. Lorsque vous exécutez une commande dans le terminal, le système vérifie ces répertoires afin de trouver l'exécutable associé à la commande.

```bash
export PATH=$PATH:/new/directory
```

Vous pouvez également définir des variables d'environnement temporairement dans la session courante du shell ou de manière persistante dans des fichiers de configuration comme `.bashrc` ou `.bash_profile`. Par exemple, pour ajouter temporairement un répertoire au `PATH` :

147

La manipulation de texte

La manipulation de texte sous Linux fait référence au processus de modification ou de traitement de données textuelles à l'aide de divers outils et commandes disponibles dans l'environnement de ligne de commande Linux. Il peut s'agir de tâches telles que la recherche, le remplacement, l'extraction et le formatage de texte. De nombreuses commandes Linux sont conçues pour effectuer efficacement des tâches spécifiques de manipulation de texte.

Exemple :

Supposons que vous ayez un fichier nommé `example.txt` avec le contenu suivant :

```bash
Hello, World!
This is an example text file.
Linux is awesome!
```

Recherche et affichage de lignes
Pour rechercher les lignes contenant le mot "exemple" dans le fichier, vous pouvez utiliser la commande `grep` :

Traduit avec DeepL.com (version gratuite)

```bash
grep "example" example.txt
```

Sortie

```bash
This is an example text file.
```

Remplacement du texte

Pour remplacer le mot "awesome" par "powerful" dans le fichier, vous pouvez utiliser la commande `sed` :

```bash
sed 's/awesome/powerful/' example.txt
```

Sortie

```bash
Hello, World!
This is an example text file.
Linux is powerful!
```

Steven Gellis

Pour toute question, contactez-moi

StevenGellis.off@Gmail.com

Printed by Amazon Italia Logistica S.r.l.
Torrazza Piemonte (TO), Italy

57804938R00085